b

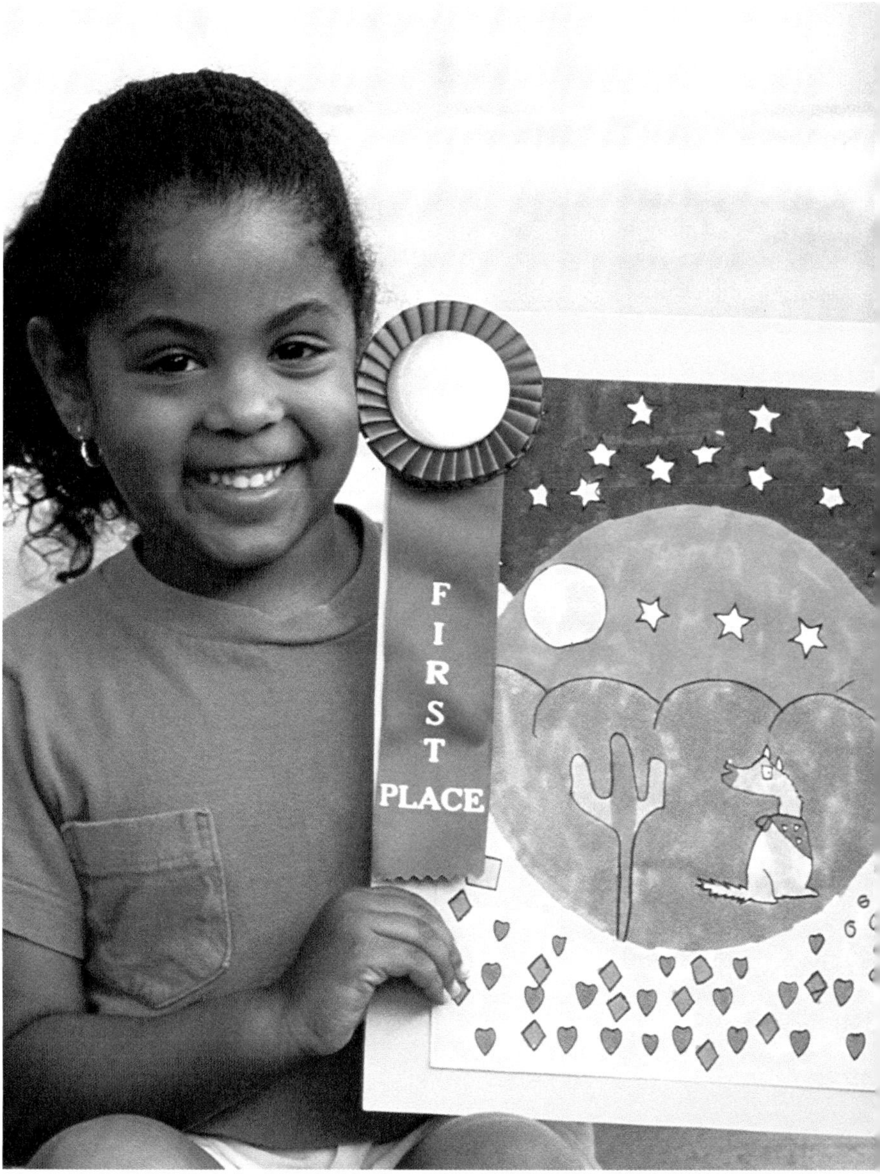

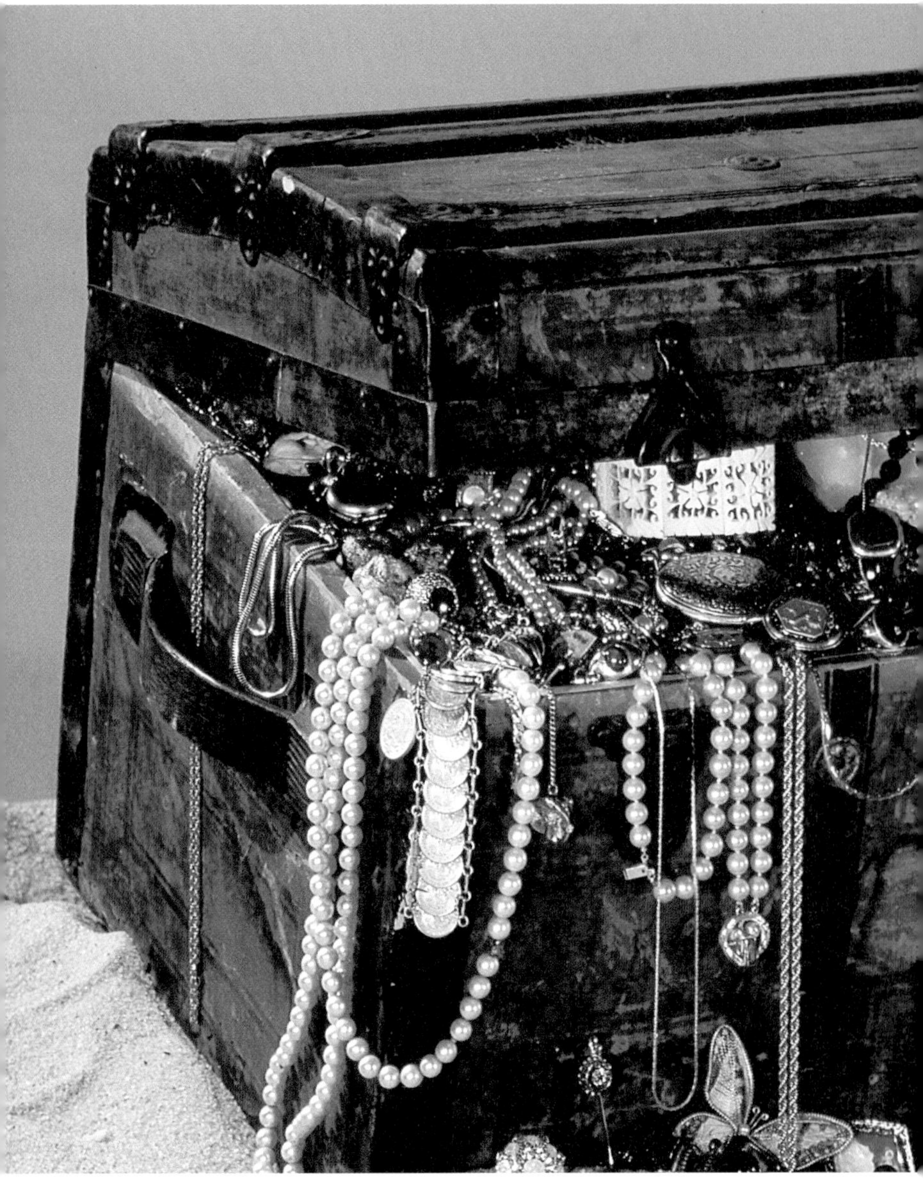

ch

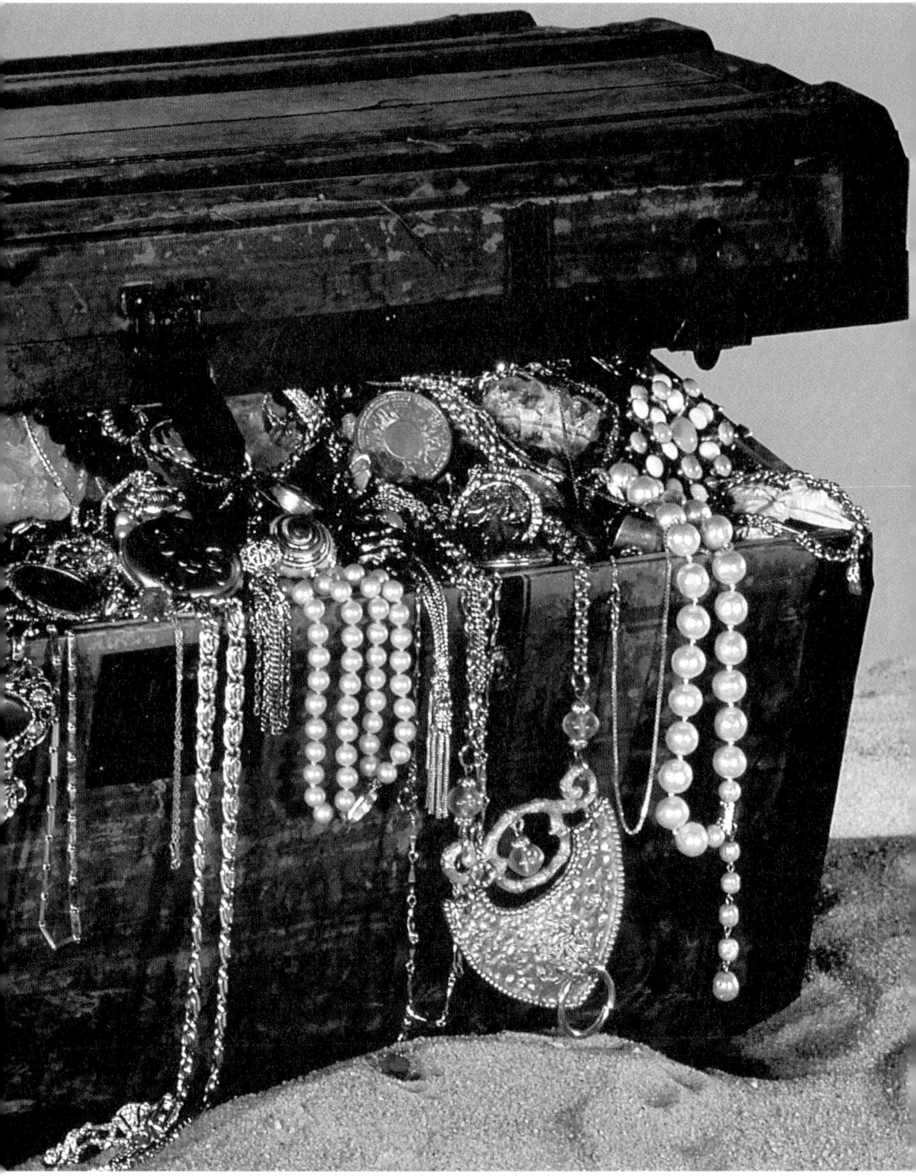

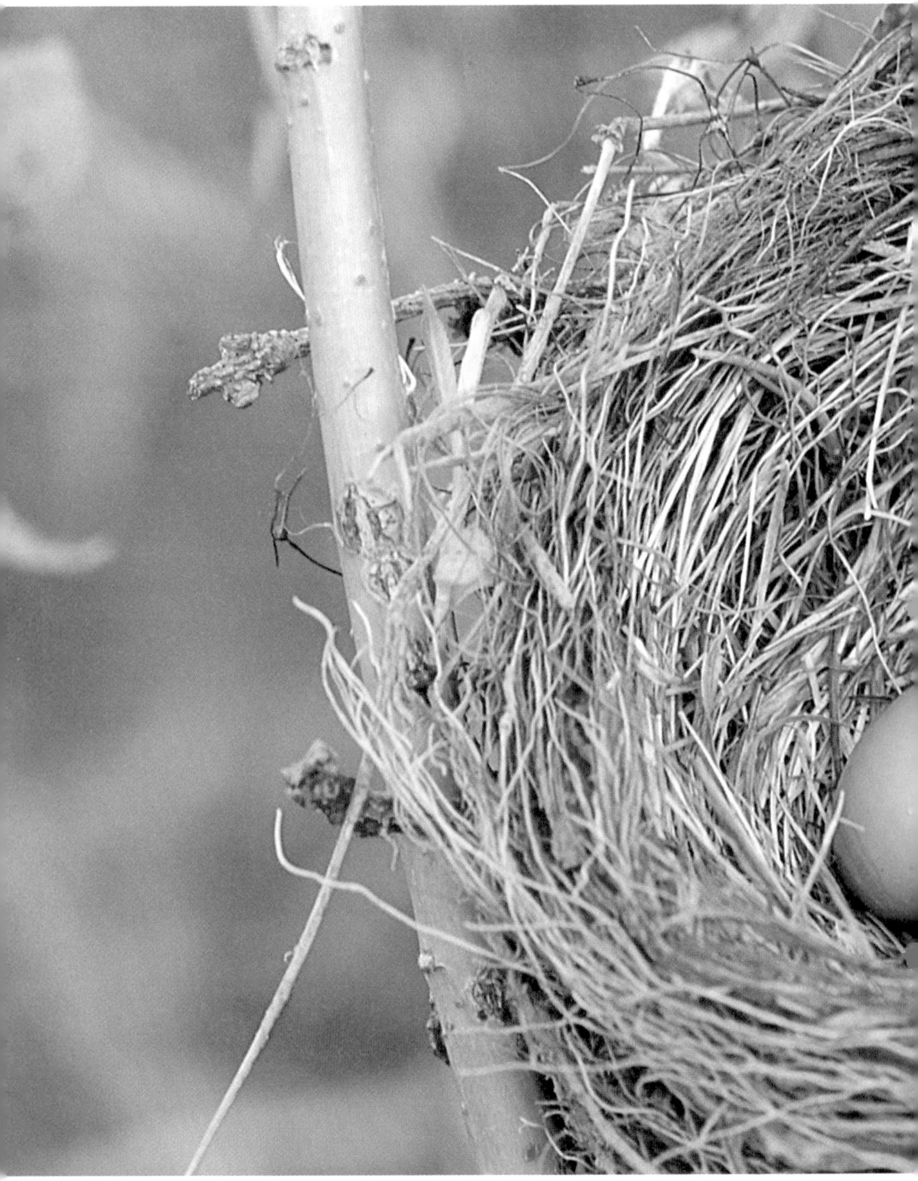

n

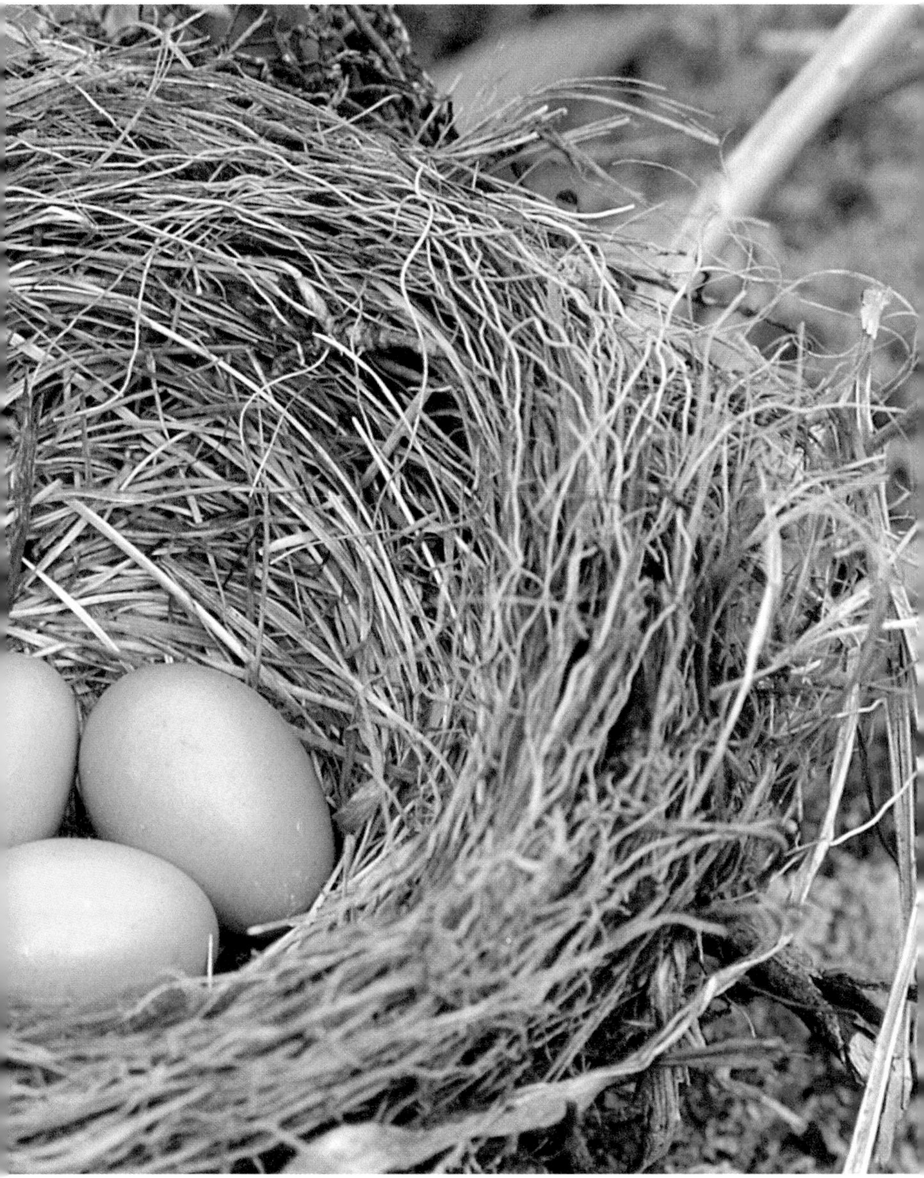

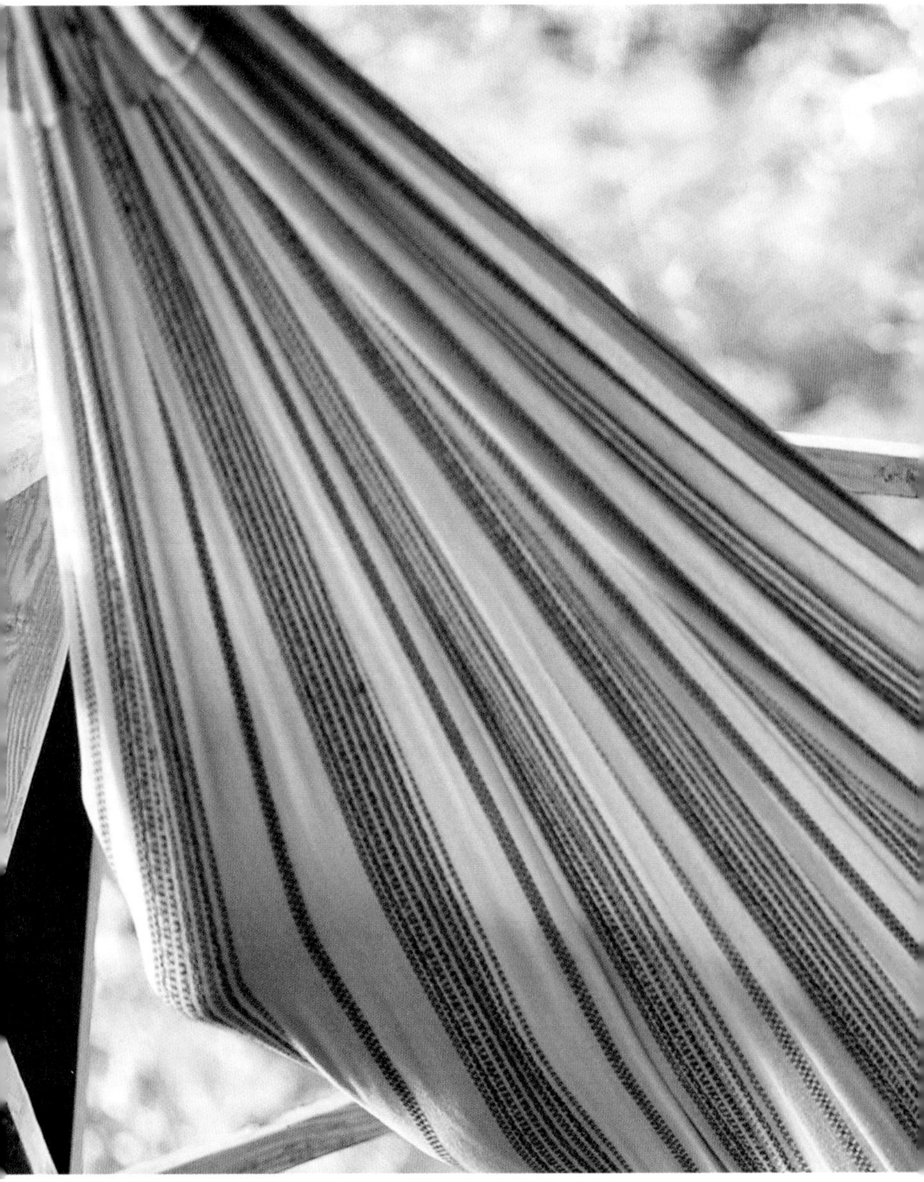

rest

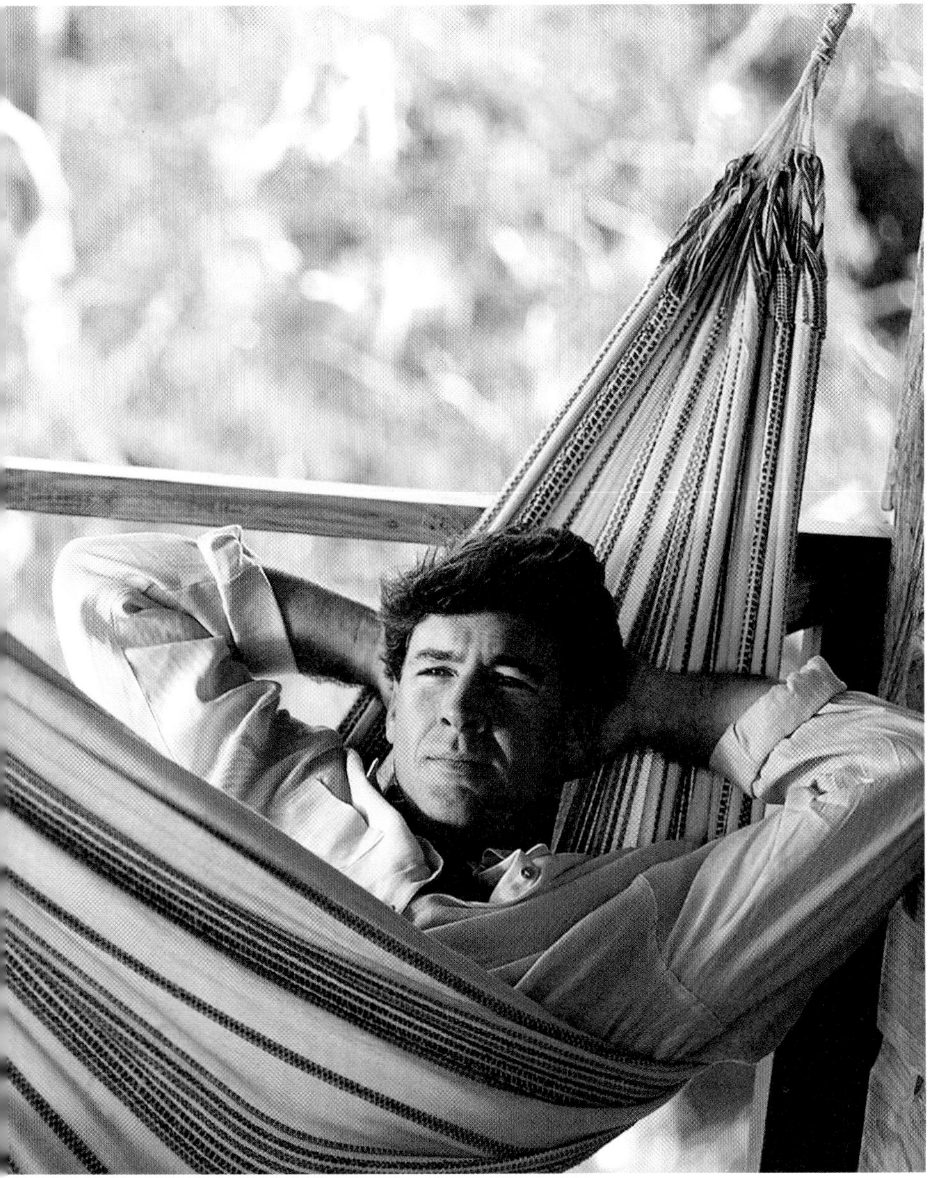

vest

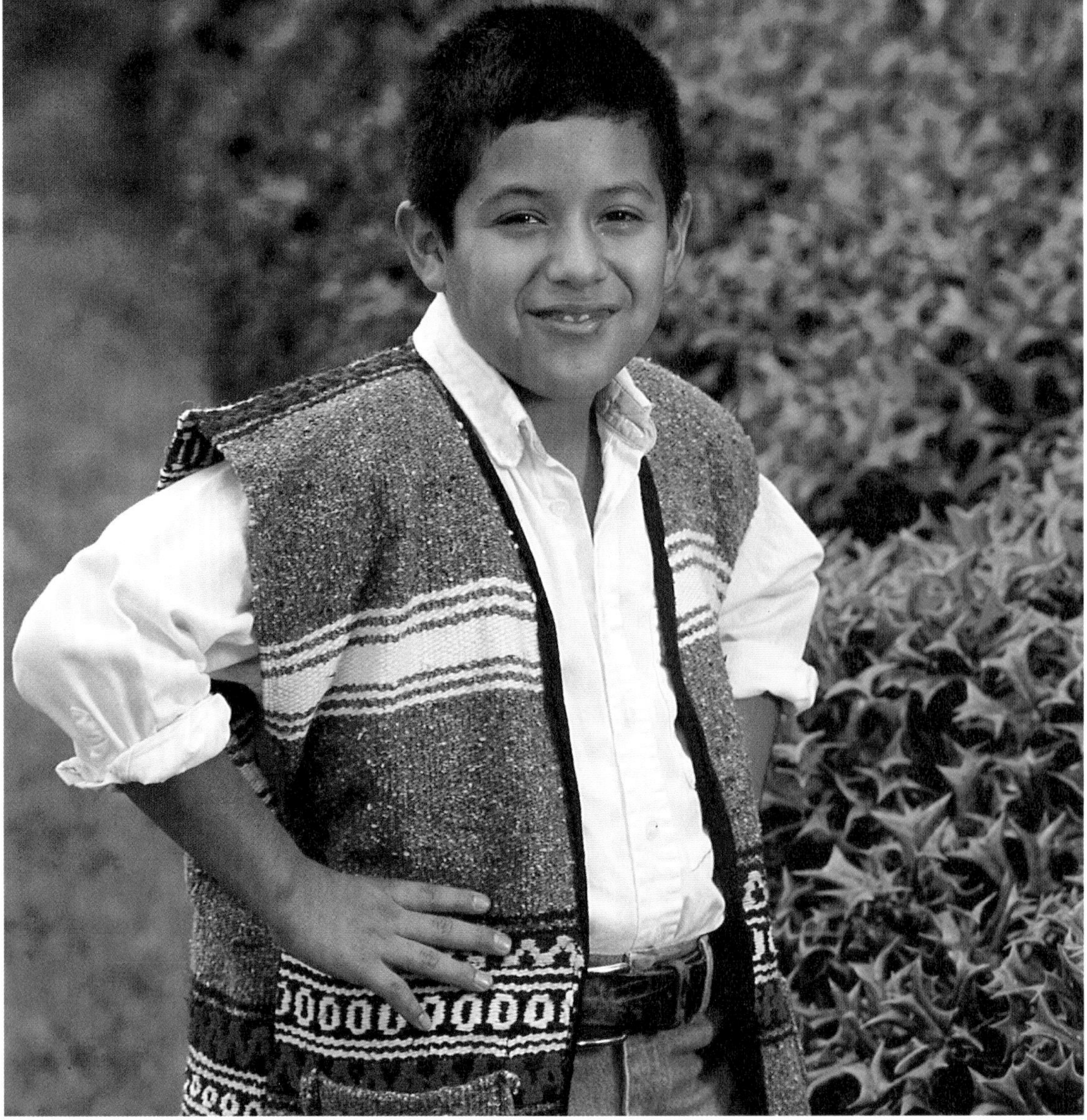